KB251973

부자신앙 이야기

말씀과만남의 정신

도서출판 말씀과만남은 그리스도인들과 세상 모든 사람들이
하나님의 말씀과 만나 그 생각이 새로워지고 그 삶이 풍성해지도록 돕고 있습니다.

The Malsseum & Mannam Publishing House is helping Christians
and men in the world to meet with God's Word so that they may
have their spirits renewed and have an abundant life.

부자신앙 이야기

박영득 지음

1판 1쇄 / 2006. 5. 15
발행처 / 말씀과만남
발행인 / 최 헌 근
등록번호 / 제20-444호
등록일자 / 1991. 6. 19

138-220 서울특별시 송파구 잠실동 339-3
Tel : (031) 594-6327, Fax : (031) 594-6328
전자우편 : mmpress@hanmail.net

ISBN   89-7508-162-1 (03230)

정가 : 7,000원

잘못된 책은 바꾸어 드립니다.

부자신앙 이야기

박영득 지음

말씀과만남

순서 매김

글을 열면서

마태복음 8장에 보면 예수님께서 가버나움에 들어가셨을 때 백부장이 예수님께 나아옵니다.

자신의 문제를 가지고 예수님께 온 것이 아니라 중풍병에 걸린 하인의 문제를 가지고 예수님께 나아옵니다.

예수님께서 백부장의 아름다운 사랑을 보시고 하인을 고쳐주시겠다고 말씀합니다.

또 마태복음 8장에는 제자들이 예수님과 함께 배를 타고 가다가 큰 풍랑을 만납니다.

예수님께서 제자들의 간청을 받고 풍랑을 꾸짖음으로 잔잔케 되었습니다.

나는 이 두 사건을 깊이 묵상하면서 놀라운 믿음에 관

한 진리들을 깨닫게 되었습니다.

풍성한 믿음의 진리들을 깨닫고 얼마나 행복했는지 모릅니다.

지금도 그 감격이 내 안에서 사라지지 않습니다.

나는 이 말씀을 묵상하면서 믿음의 부자가 되었습니다.

나를 믿음의 부자 되게 한 이 말씀을 한국교회 성도들과 함께 나누려고 합니다.

이 글을 읽는 모든 성도님들! 믿음의 부자 되십시오.

아름다운 평내에서
박 영 득

1

백부장의 신앙

1. 감동 신앙

"예수께서

가버나움에 들어가시니

한 백부장이 나아와

간구하여."

(마태복음 8:5)

감동 신앙

헤븐 메이커

마태복음 5장에서 예수님은 이렇게 말씀하십니다.

"너희는 세상의 소금이다."

"너희는 세상의 빛이다."

무슨 말씀입니까?
세상을 감동시키는 사람이 되라는 말씀입니다.
또 이렇게 말씀하십니다.

"너희 착한 행실을 보고
하늘에 계신 너희 아버지께
영광을 돌리게 하라."

착한 행실이 무엇입니까?
사람을 감동시키고 하나님을 감동시키는 것입니다. 이런 사람이 천국을 만드는 사람입니다.
사람을 감동시키는 삶으로 천국을 만드는 자들이 되라는 말씀입니다.

그러니까 하나님을 감동시키고 사람을 감동시키는 것
이 하나님의 뜻이라는 말입니다.

이것이 우리의 사명입니다.

사명이란 어려운 것이 아닙니다. 거창한 것이 아닙니
다. 작은 말 한 마디로 사람을 감동시켰으면 이것이 사명
을 감당한 것입니다.

감동을 받으면 행복합니다. 감동을 받으면 내 삶이 천
국이 됩니다.

감동을 싫어하는 사람은 아무도 없습니다. 모든 사람은
감동을 좋아합니다. 감동을 받으면 입이 귀에 걸립니다.

우리는 사람들의 입이 귀에 걸리게 해야 합니다. 이런
사람이 예수를 잘 믿는 사람입니다.

하나님도 감동을 좋아하십니다. 하나님을 감동시키는
사람이 신령한 성도입니다.

여러분! 신령한 성도가 되고 싶지 않습니까?

저도 감동받으면 너무너무 좋습니다.

이번 주간에는 하나님께서 저를 세 번이나 감동시켜 주

셨습니다. 그래서 행복한 한 주간이었습니다.

저를 감동시키신 하나님을 찬양합니다.

지난 금요일 중보기도 사이트(큰빛교회 홈페이지)에 들어가니까 저를 위한 기도제목이 올라와 있었습니다. 이런 내용이었습니다.

"사랑하는 하나님,

우리 목사님의 건강을 지켜주세요.

우리 목사님의 건강은 큰빛교회의 건강이요,

대한민국의 건강이며, 세상을 움직이는 건강입니다."

이 짤막한 중보기도를 읽는 순간 삼백볼트 전기에 감전된 것 같은 감동을 받았습니다.

너무나 큰 감동이 저를 멍하게 했습니다.

이런 기도를 드리는 우리 성도들을 위해서 죽고 싶은 마음이 제 심령을 흔들었습니다.

그렇습니다.

이 세상에서 감동을 싫어하는 사람은 아무도 없습니다. 사람들은 한 번 감동받으면 한 달은 밥을 안 먹어도 산다고 합니다. 감동시키는 사람이 세상의 빛이요, 세상의 소금입니다. 감동시키는 사람이 천국을 만드는 사람, 헤븐 메이커(Heven Maker)입니다.

예수 잘 믿는다는 것

예수님은 가버나움에서 백부장을 통해 큰 감동을 받습니다. 일반적으로 주인들은 하인이 병들면 구박하고 쫓아냅니다. 살든지 죽든지 신경 쓰지 않습니다.

그런데 이 백부장은 하인의 중풍병을 인해 안타까운 마음으로 예수님께 나아옵니다.

예수님은 이 백부장을 보면서 큰 감동을 받습니다.

예수님을 감동시키는 백부장입니다.

예수 잘 믿는 것이 무엇입니까?

하나님을 감동시키는 것입니다.

어느 날 하나님께서 아브라함에게 나타나셔서 말씀하십니다.

"네 아들 이삭을 번제로 드리라."

아브라함은 하나님의 말씀에 순종하기 위해 잠도 자지 아니하고 날이 밝기를 기다렸다가 사흘 길을 걸어서 모리아 산으로 올라갑니다.

아들을 바치겠다고 모리아 산으로 올라오는 아브라함을 보시고 하나님은 큰 감동을 받으십니다. 하나님을 감동시키는 아브라함입니다.

마리아가 자신의 전 재산인 나드 한 옥합을 깨뜨려 예수님의 머리에 부어드립니다. 그리고 자신의 머리를 풀어서 그 머리털로 예수님의 발에 흘러내리는 향유를 닦습니다.

이 모습을 보시고 예수님께서 큰 감동을 받으십니다. 예수님을 감동시키는 마리아입니다.

예수님을 감동시킨 한 어린이에 대한 이야기입니다.

서울 H교회에서 있었던 일입니다.

교회를 건축해야 하는데 재정이 없었습니다. 온 교인이 건축을 위해 기도하기 시작했습니다.

한 주일학교 학생이 이 사실을 알고 매일 새벽기도회에 나가서 우리 교회 짓게 해달라고 기도하기 시작했습니다.

어느 날 새벽기도를 마치고 집으로 돌아오는데 길옆에 할아버지를 한 분이 쓰러져 있는 것을 발견하고 119에 신고해 병원에 옮겨드렸습니다.

이 할아버지가 정신을 차리고 깨어나서 한 어린 아이의 신고로 자신이 병원에 옮겨지게 되었다는 사실을 알게 되었습니다.

이 말을 들은 할아버지는 자신을 살려준 생명의 은인인 어린이를 찾기 시작했습니다.

드디어 아이를 찾은 할아버지는 아이에게 "네 소원이 무엇이냐?"고 물었습니다.

이 어린 아이는 지체하지 아니하고 "우리 교회를 짓는

것입니다.”라고 대답했습니다.

할아버지는 다음 날 교회 관계자들을 불렀습니다. 자세히 물은 뒤 교회 부지를 살 재정과 건축할 재정을 교회 통장에 넣어주었습니다. 이 할아버지는 모 회사의 회장님이었습니다.

하나님을 감동시킨 어린아이를 통해서 하나님께서는 큰일을 행하셨습니다.

이 어린아이를 보시고 하나님께서 받으셨을 감동을 생각해 보았습니다.

우리가 해야 할 일은 하나님을 감동시키는 것입니다.

하나님을 감동시키면 하나님이 일하십니다.

캐시 버넬처럼

일제시대 때 신사참배와 맞서 싸우다가 순교하신 주 기철 목사님의 옥중기도를 읽은 적이 있습니다.

“주님은 나를 위하여 십자가에 달리셨습니다.

머리에 가시관, 두 발이 쇠못에 찢겨져

최후의 피 한 방울까지 쏟으셨습니다.

주님은 나를 위하여 죽으셨거늘 내 어찌 죽음이

무서워 주님을 모른 체 하오리이까.

다만 일사각오만 있을 뿐입니다.”

이 주기철 목사님의 기도를 받으시고 예수님께서 얼마나 감동을 받으셨겠습니까?

예수님을 감동시킨 주기철 목사님이셨습니다.

책 한 권을 소개하겠습니다.

‘20세기 마지막 순교자 캐시 버넬’ 이란 책입니다.

1999년 4월 20일 미국 컬럼바인 고등학교에서 두 명의 남학생이 총기를 난사해서 열 세 명의 학생이 죽는 사고가 일어났습니다. 이때 죽은 한 명의 여학생이 ‘캐시 버넬’ 입니다.

총을 든 남학생이 캐시 버넬에게 다가와 “하나님을 믿느냐?”고 물었습니다.

그때 캐시 버넬은 이렇게 대답했습니다.

“Yes.”(나는 하나님을 믿는다.)

이 말이 떨어지자 남학생은 캐시 버넬을 사정없이 쏘았

습니다.

총을 맞고 죽어가는 캐시 버넬을 보면서 하나님이 얼마나 감동을 받으셨을까요?

하나님이 감동되어 우셨을 것입니다.

죽음으로 하나님을 감동시킨 캐시 버넬이었습니다.

백부장은 예수님만 감동시킨 것이 아니라 하인을 감동시켰습니다.

하인이 병이 낫고 나서 주인의 간구로 인해 자신이 건강하게 되었다는 사실을 알았을 때 얼마나 큰 감동을 받았을까요?

그렇습니다.

윗사람을 감동시키고 아랫사람도 감동시켜야 합니다. 백부장은 아랫사람을 감동시켰고 하인은 윗사람을 감동시켰습니다.

평상시에 주인을 충성으로 감동시켰기 때문에 이런 일이 일어난 것입니다.

하나님께서 우리에게 주신 사명은 세상을 감동시키는

것입니다. 사람을 감동시키는 것입니다.

주대관처럼

대만에 '주대관' 이라는 어린아이가 있었습니다.

아홉 살 어린 나이에 암에 걸렸습니다. 병원에서 투병하며 한 쪽 다리를 절단하게 되었습니다. 아들의 절단된 다리를 본 엄마가 너무 가슴이 아파서 아이를 붙들고 하염없이 울었습니다. 그러자 주대관 어린이는 자꾸 우는 엄마에게 쪽지에다 글을 써서 주었습니다.

"엄마! 내게는 아직도 한 쪽 다리가 있잖아.

베토벤은 두 눈이 멀고 두 귀도 먹었잖아.

그러나 나는 한 쪽 다리가 있잖아.

나의 한 쪽 다리로 지구 위에 우뚝 설 거야.

나는 한 쪽 다리로 이 아름다운 세상을

씩씩하게 걸어 다닐거야."

이 글을 읽은 엄마는 복도에 쓰러져 대성통곡을 했습니다. 감동받아 울고 있는 것입니다.

주대관 어린이의 아홉 번째 생일날이 되었습니다. 친구들과 함께 생일파티를 해 줄 수가 없는 상황의 아들을 보고 가슴 아파하는 아버지에게 쪽지에다 글을 써서 주었습니다.
유명한 '아홉 살 생일' 이라는 글입니다.

"아빠, 나는 지금까지 누구와도 싸운 일이 없어요.
아빠도 알잖아요. 싸울 일이 없었거든요.
그러나 앞으로 나는 암 악마와 싸울 거예요.
싸워서 내 몸에 건강도 되찾고
살아갈 권리도 찾을 거예요.
왜냐하면 난 아직 아홉 살이니까요.
난 일어나서 아흔 아홉 살까지 살 거예요. 아빠."

아빠가 이 글을 읽고 큰 감동을 받았습니다.

우리의 사명은 감동

사랑하는 여러분!

암에 걸린 아홉 살 어린이도 부모를 감동시킵니다. 우리 건강하지 않습니까?

우리는 얼마든지 감동을 주며 살 수 있습니다.

남편을 감동시키고, 아내를 감동시키고, 부모를 감동시키고, 자녀를 감동시키고, 우리 가까이 있는 사람들을 감동시킬 수 있습니다.

어떤 자매가 회사에 출근하는 남편을 위해 매일 아침 지극정성으로 도시락을 싸주었습니다.

도시락과 함께 감동도 싸주었습니다. 노란 쪽지에다 이런 멘트를 적어서 넣었습니다.

"당신은 나의 행복입니다."

"당신 없는 세상은 지옥입니다."

"당신은 나의 하늘입니다."

감동을 싸주는 지혜로운 아내입니다.

사랑하는 여러분!

백부장처럼 예수님을 감동시키고 사람을 감동시키는 천국일꾼이 되십시다.

우리가 세상을 감동시키면 세상은 하늘나라가 될 것입니다. 감동이란 두 글자를 잊지 마십시다. 우리의 소원은 통일이지만 우리의 사명은 감동입니다.

감동!

그것은 우리의 사명입니다.

맺음기도

하나님 아버지,
우리의 사명은 하나님을 감동시키고,
사람을 감동시키는 것이라고 가르쳐 주셨습니다.
오늘도 내일도 감동시키는 자로 살게 하옵소서.
예수님의 이름으로 기도합니다.
아멘.

2. 행동 신앙

"예수께서 가버나움에 들어가시니

한 백부장이 나아와 간구하여."

(마태복음 8:5)

행동 신앙

환상적인 모습

예수님께서 가버나움에 들어가셨을 때 한 백부장이 예수님께 나왔다고 말씀합니다. 이 말씀은 참으로 중요한 말씀입니다.

묵상하는데 성령께서 이런 깨달음을 주셨습니다.

교회에 나오는 사람이 있고 예수님께 나오는 사람이 있다는 것입니다.

교회에 나오는 사람은 교회마당만 밟고 갑니다. 사람만 만나고 갑니다. 설교만 듣고 갑니다.

그러나 예수님께 나오는 사람은 예수님을 만납니다. 하나님의 음성을 듣습니다.

여러분은 교회에 나가는 사람입니까? 예수님께 나가는 사람입니까?

오늘 본문에 나오는 백부장은 예수님께 나아왔습니다.

예수님을 구경하러 온 것도 아니고 자신의 문제를 해결

하려고 나온 것도 아닙니다.

하인의 문제를 가지고 안타까운 마음으로 예수님께 나아왔습니다.

중풍병으로 괴로워하는 하인을 고치기 위해서 예수님께 나아온 것입니다.

자신을 위해서 예수님께 나가는 것도 중요하지만 다른 사람을 위해서 중보자로 예수님께 나가는 것은 참으로 귀한 모습입니다.

죠지 뮬러는 날마다 예수님께 나갔습니다.

고아들의 배고픔의 문제를 해결하기 위해 평생을 예수님께 나갔습니다.

예수님의 모습

중풍병에 걸린 사람은 예수님께 나올 수가 없습니다. 우리 주변에는 영적인 중풍병 환자가 많습니다. 불신자도 중풍병 환자요, 교회 다니다가 쉬고 있는 사람도 중풍병

환자입니다. 이런 사람은 스스로 예수님께 나올 수 없는
사람입니다. 그들을 위해서 대신 예수님께 나갈 중보자가
필요합니다. 이런 중보자가 많아야 합니다.

중보자는 예수님의 모습을 닮은 사람입니다.

진짜 믿음은

중보자 백부장이 예수님께 나아와 무어라고 말합니까?

"내 하인이 중풍병으로 집에 누워 몹시 괴로워하나이다."
(마 8:6)

자신의 하인이 병들어 다 죽게 되었다고 합니다.
이 말을 들으신 예수님께서 무어라고 말씀합니까?

"내가 가서 고쳐 주리라." (마 8:7)

예수님은 직접 가서 고쳐주시겠다고 말씀하셨습니다.
왜 이렇게 말씀하셨습니까?
예수님은 백부장의 믿음을 보셨기 때문입니다.

백부장의 마음에 있는 믿음, 백부장의 얼굴에 있는 믿음을 보았기 때문입니다.

예수님은 믿음대로 일하시는 분이십니다. 그래서 마태복음 8장 13절에는 "믿음대로 될지어다." 하고 말씀하시는 것입니다.

백부장의 믿음이 무엇입니까?

의사들이 고칠 수 없는 중풍병을 예수님께서 고치실 수 있다는 믿음입니다.

이 믿음이 있었기 때문에 하인의 병을 가지고 예수님께 나아온 것입니다.

백부장의 믿음은 마음에 간직하고 있는 내재된 믿음이 아니라 행동하는 믿음입니다.

믿음을 행동화 할 때 하나님께서 일하십니다. 마음에 있는 믿음은 천국 가는 믿음이고 행동하는 믿음은 하나님의 역사를 일으키는 믿음입니다. 그렇습니다. 진정한 믿음은 행동하는 믿음입니다.

믿음이 생기면 가슴 속에 품고 있지 말고 그 믿음을 행동으로 옮기십시오.

그리하면 하나님의 역사의 주인공이 됩니다.

행동하십시오

행동할 때 중요한 것은 감정인지 믿음인지 잘 분별해야 됩니다. 감정대로 행동하면 큰일 납니다. 그러나 믿음대로 행동하면 기적의 주인공이 됩니다. 축복의 주인공이 됩니다.

노아를 보시기 바랍니다.

산꼭대기에 배를 지으라는 하나님의 말씀을 믿고 행동으로 옮깁니다. 산꼭대기에 배를 짓습니다.

어떻게 되었습니까?

노아의 여덟 식구가 구원받는 기적의 주인공이 됩니다. 축복의 주인공이 됩니다.

믿음이 오면 행동하십시오. 하나님이 일하십니다. 하나님이 일하시면 기적이 일어납니다.

믿기만 하고 행동하지 않기 때문에 기적이 일어나지 않

고 하나님의 역사를 볼 수 없는 것입니다. 마음에 있는 믿음을 행동으로 표현해야 됩니다.

기적이 일어납니다.

갈릴리 가나의 혼인 잔치 집에 포도주가 떨어졌을 때 예수님께서 하인들에게 물동이의 물을 떠서 연회장에게 갖다 주라고 명하셨습니다.

하인들이 예수님의 말씀에 순종하여 항아리의 물을 뜨는 순간 포도주가 되었습니다.

행동할 때 기적이 일어납니다.

제게 장점 하나가 있습니다.

믿음이 오면 사람 보지 아니하고, 환경 보지 아니하고, 하나님만 믿고 행동합니다.

우리 교회 성도가 백 명 정도 모였을 때에 유치원 교회를 분양받느라 빚이 많이 있었습니다. 한 달에 수 백 만원의 이자를 내느라 힘든 시기에 선교사를 파송하라는 믿음

이 왔습니다. 그것도 생활비 전액을 지원하는 풀타임 선
교사를 파송하라는 믿음 말입니다.

즉시 순종해서 선교사를 파송했습니다.

교회 부도 안 났습니다.

10년이 지난 지금 더 넓은 교회를 지었고, 선교사 네 가
정을 파송하는 놀라운 축복을 받았습니다.

믿음이 오면 그 믿음을 가지고만 있지 마시고 행동으로
옮기십시오.

그리하면 하나님의 일하심을 경험하게 될 것입니다.

짱 믿음입니다

백부장의 믿음을 보시기 바랍니다. 사람이 고칠 수 없
는 중풍병을 예수님이 고칠 수 있다는 믿음이 오자 예수님
앞에 하인의 중풍병을 가지고 나왔습니다.

행동하는 믿음입니다.

행동하는 백부장의 믿음을 보신 예수님은 "내가 가서
고쳐 주리라"고 반응하십니다.

우리가 믿음으로 행동하면 예수님도 행동하십니다. 예수님이 일하십니다. 백부장의 믿음은 행동하는 믿음입니다.

나는 이 믿음을 최고의 믿음, '짱 믿음' 이라고 표현하고 싶습니다.

백부장의 믿음은 '짱' 입니다.

그의 믿음은 마음으로만 믿는 '마음 믿음' 이 아닙니다. 입술에만 있는 '말 믿음' 이 아닙니다.

행동하는 '짱 믿음' 입니다.

하나님 앞에 쓰임 받는 사람들은 모두가 행동하는 믿음의 사람들이었습니다.

역사의 주인공

어느 날 무디 목사님이 시카고의 높은 빌딩에 제자인 R.A 토레이 목사님과 함께 올라갔습니다.

무디 목사님은 시카고의 전경을 바라보면서 토레이 목사님에게 이렇게 말했습니다.

"여보게 토레이, 나는 여기서 하나님이 뛰어 내리라고 명령하시면 지금 당장이라도 뛰어내릴 것 같네."

믿음이 오면 행동하겠다는 신앙입니다.

여러 가지 음식이 가득한 밥상이 있습니다. 맛있겠다는 믿음이 왔습니다. 보고만 있으면, 믿음만 가지고 있으면 어떤 일도 일어나지 않습니다. 먹어야 살이 되고, 피가 되고 배가 부릅니다.

금요일 밤에 은혜가 있을 것이라는 믿음이 있습니까?

그 믿음을 가지고만 있으면 안 됩니다.

금요일 밤에 교회에 나와서 기도하는 행동이 있어야 은혜의 주인공이 됩니다.

기도의 응답을 믿습니까?

백날 믿어도 응답을 못 받아 냅니다.

믿었으면 기도해야 됩니다. 믿었으면 행동해야 됩니다. 그래야 응답의 주인공이 됩니다.

백부장처럼 믿음을 행동화함으로 하나님의 역사의 주인공이 되십시오.

진정한 믿음은 행동하는 것입니다.

맺음기도

하나님 아버지,
믿음을 마음속에만 간직하는 사람이 아니라
믿음이 올 때 노아처럼, 백부장처럼
행동할 수 있는 능력을 주시옵소서.
그리하여 삶 속에서 풍성한 기적을
날마다 경험하는 사람이 되게 하여 주옵소서.
아멘.

3. 중보 신앙

"가로되 주여

내 하인이 중풍병으로

집에 누워

몹시 괴로워하나이다.

내가 가서 고쳐 주리라."

(마태복음 8:6~7)

믿음이란?

믿음이 무엇이라고 생각하십니까?

믿음이란 주님 앞에 나오는 것입니다. 믿음이 없는 사람은 교회에 나올 수는 있지만 주님께는 나올 수가 없습니다.

바리새인들은 믿음이 없었기 때문에 예수라는 선생 앞에는 나왔지만 주님 앞에는 나오지 못했습니다.

백부장은 예수라는 선생 앞에 나간 것이 아니고 주님이신 예수님 앞에 나간 것입니다.

믿음이 있었기 때문입니다.

백부장이 주님 앞에 와서 한 일이 무엇입니까?

간구했습니다.

"가로되 주여, 내 하인이 중풍병으로
집에 누워 몹시 괴로워하나이다."

백부장이 예수님께 간구한 내용입니다. 얼마나 간단한지 모릅니다.

"내 하인이 병들어 죽어가고 있습니다."

이게 다입니다. 너무나 짤막한 기도입니다. 그러나 이 기도가 얼마나 능력이 있었던지 예수님께서 즉시 응답해 주십니다.

백부장이 어떤 심정으로 기도를 드렸을까요?

B.C 490년경 그리스 마라톤 평원에서 그리스 군과 페르시아 군의 전쟁이 있었습니다.

페르시아의 군사는 십만 명이었고 그리스의 군사는 일만 명이었습니다. 싸움이 될 수 없는 전쟁입니다. 그런데 기적적으로 그리스 군이 승리합니다.

이때 필리피데스라는 청년이 42㎞를 달려와서 그리스 시민에게 이렇게 외쳤습니다.

"우리 그리스 군이 이겼습니다." 이 한 마디를 하고 죽었다고 합니다.

백부장도 이런 심정으로 예수님께 간구한 것입니다. 자

신의 문제를 위해서가 아니라 하인의 문제 때문에 절박하게 간구하고 있습니다.

중보는 곧 사랑

이렇게 볼 때 백부장은 중보자입니다. 중보자는 예수님을 닮은 사람입니다.

믿음의 사람은 중보의 삶을 살 수가 있습니다. 중보의 삶은 믿음의 열매입니다.

필리피데스가 42㎞의 마라톤 평원을 있는 힘을 다해 달려와 "우리 그리스 군이 이겼습니다."라는 말을 외치고 죽었던 것처럼 절박한 심정으로 중보의 삶을 사는 것이 믿음의 열매입니다.

주님 닮은 사람은 중보자가 됩니다.

내가 알고 있는 자매님이 어느 날 작은 수첩 하나를 보여 주었습니다.

그 수첩에는 157명의 기도제목이 적혀 있었습니다.

자신이 매일 기도하는 사람들의 기도제목이었습니다.

큰 나무가 되어야 열매가 맺히듯이 큰 믿음의 사람은 중보자의 삶을 살아갑니다.

백부장에게 큰 믿음이 있었기 때문에 하인과 예수님 사이에 중보자로 서 있는 것입니다.

믿음이 없는 사람은 절대로 중보자가 될 수 없습니다.

백부장은 예수님께서 사람이 고치지 못하는 질병을 고치실 수 있다는 믿음이 있었기 때문에 중보자가 되어 하인의 문제를 가지고 예수님을 찾아간 것입니다.

믿음의 사람은 중보자가 됩니다.

중보는 곧 사랑입니다.

이웃을 사랑하는 사랑입니다.

그래서 믿음과 사랑은 하나입니다.

믿음이 있는 사람은 사랑하게 되어 있습니다.

믿음은 곧 순종

무슨 말씀입니까? 말씀만 하십시오. 그대로 순종하겠습니다. 그 말입니다.

믿음은 순종하는 것입니다. 순종하지 않는 것은 믿음이 없거나 믿음이 적거나 둘 중의 하나입니다.

예수님께서 갈릴리 바다 위에서 제자들에게 나타나셨습니다. 예수님께서 베드로에게 말씀합니다.

베드로가 용감하게 뛰어 내려 물 위를 걷습니다.
왜 뛰어 내렸습니까?
예수님을 믿었기 때문입니다.

믿어야 순종하는 것입니다.
아브라함이 아들을 바치라는 하나님의 명령에 순종합니다.

왜 순종합니까?

하나님을 믿었기 때문입니다.

믿음이 없이는 절대로 순종할 수 없습니다. 믿어야 순종하게 되어 있습니다.

백부장은 예수님께 무어라고 말씀합니까?

"다만 말씀으로만 하옵소서."

예수님에게 절대 순종하겠다는 것입니다.

백부장은 절대적인 믿음을 가지고 있었습니다.

이 믿음을 보시고 예수님께서 감탄하셨던 것입니다.

십자가의 의미

믿음이란 십자가를 믿는 것입니다. 십자가는 중보와 순종의 상징입니다. 십자가는 하나님과 나 사이의 중보입니다. 십자가를 통해서 하나님께 나아갈 수 있습니다. 그래서 예수님께서 이렇게 말씀하십니다.

중보자가 되라는 말씀입니다. 중보적 삶을 살라는 말씀입니다.

중보란 나 혼자만 주님께 나가는 것이 아니라 다른 사람의 연약함을 가지고 나가는 것입니다.

백부장은 위대한 중보자로서 자기 하인의 연약함을 가지고 예수님께 나아왔습니다.

십자가를 지고 가는 백부장입니다. 중보적 삶을 사는 백부장입니다.

제 아내가 태화사회복지관에서 사역할 때 운전기사 한 분이 계셨는데 가톨릭 신자였습니다.

어느 날 기사님의 부인이 아내에게 기도제목을 달라고 해서 드렸습니다.

이 분은 남의 기도제목을 가지고 한 자리에 앉아서 몇 시간씩 기도를 드리는데 얼마나 집중해서 기도를 드리는지 나중에는 그 사람이 되어서 기도한다는 이야기를 들었습니다.

십자가를 지고 가는 사람의 모습입니다.

중보적 삶을 사는 사람의 모습입니다.

십자가를 지시는 예수님에 대해서 성경은 이렇게 말씀합니다.

예수님은 죽는 데까지 순종하셨다는 말입니다. 십자가는 순종입니다.

그렇습니다.

예수 믿고 십자가를 지고 가는 사람들은 중보와 순종의 삶이 있습니다.

제가 일신교회 교육전도사로 있을 때 집사님 한 분이 새벽마다 남편의 구두를 싸가지고 와서 옆에 놓고 예배를 드렸습니다.

믿음으로 남편을 새벽기도에 데리고 나온 것입니다.

어떤 권사님은 남편을 전도하는데 20년이 걸렸다고 합

니다. 그 권사님은 매 주일 교회 가서 이런 기도를 드렸다
고 합니다.

"하나님, 우리 남편도 저하고 함께 나왔습니다."

그런데 20년 만에 남편이 이러더랍니다.

"여보, 나 혼자 집에 있으니 심심해서 못살겠어. 오늘부
터 당신 따라 교회 나갈래."

몇 년 전 안수 집사님 한 분과 대화를 나누면서 목사님
을 위해서 3년을 철야를 했다는 말을 듣고 얼마나 감동이
되었는지 모릅니다. 이 분들이 중보자입니다. 십자가의
사람입니다. 백부장과 같은 사람입니다.

이런 성도 되고 싶지 않으십니까?

맺음기도

하나님 아버지.
믿음을 주십시오. 큰 믿음을 주십시오.
십자가의 삶을 살도록 중보자의 삶을 살도록
믿음의 믿음을 주십시오.
당신을 감동시키는 삶을 살고 싶습니다.
아멘.

4. 금메달 신앙

"예수께서 들으시고 기이히 여겨

좇는 자들에게 이르시되

내가 진실로 너희에게 이르노니

이스라엘 중 아무에게서도

이만한 믿음을 만나보지 못하였노라."

(마태복음 8:10)

금메달 신앙

백부장의 믿음

예수님께서 백부장의 이야기를 들으시고 어떻게 반응하십니까?

기이히 여기셨습니다.

새 번역과 공동번역에서는 '감탄하셨다'고 기록되어 있습니다.

예수님께서 감탄하시는 믿음이 백부장의 믿음입니다. 참으로 백부장은 큰 믿음의 사람입니다.

"백부장이 대답하여 가로되,
　주여 내 집에 들어오심을 나는 감당치 못하겠사오니
　다만 말씀으로만 하옵소서.
　그러면 내 하인이 낫겠삽나이다."

백부장은 예수님께서 하인의 병을 고쳐주려고 자신의 집에 오시겠다고 하자 이렇게 반응합니다.

"주여, 내 집에 들어오심을 감당치 못하겠사오니."

무슨 말씀입니까?

나는 당신을 모실 자격이 없는 사람입니다. 그러니 말씀만 하십시오. 말씀만 하셔도 족합니다.

백부장은 예수님을 모실 자격이 없는 사람임을 깨닫고 이것을 주님께 고백하고 있습니다.

이 말을 듣고 예수님께서 감탄하신 것입니다.

사랑하는 여러분!

여러분은 예수님을 모실 자격이 있으십니까?

예수님을 믿을 자격이 있는 사람들입니까?

제 자신을 가만히 생각해 보면 예수 믿을 수 있는 조건이 안 되는 사람이었습니다.

저희 집은 종갓집으로 철저하게 귀신을 섬겼었습니다. 웬 제사가 그렇게 많은지 매달 제사가 있었습니다. 이런 가정에서 태어나 예수 믿고 목사가 된 것은 아무리 생각해도 기적입니다.

이번 주간에 목회자 세미나를 인도하면서도 얼마나 하나님께 감사했는지 모릅니다. 이렇게 귀한 일을 맡기신 것은 자격이 없는 자에게 거저 주신 일방적인 하나님의 은혜입니다. 이것이 아니면 제 삶을 설명할 수가 없습니다.

은혜가 무엇입니까?
받을 자격이 없는 자에게 하나님께서 거저 주시는 것입니다.
누가 은혜를 알 수 있습니까?
믿음이 있는 사람입니다. 믿음의 사람은 은혜를 알고 은혜를 고백합니다.
믿음의 사람 바울은 디모데전서 1장에서 이렇게 고백합니다.

> "내가 전에는 훼방자였습니다. 핍박자였습니다.
> 포행자였습니다. 죄인 중의 괴수였습니다.
> 그런데 하나님께서는 나에게
> 풍성한 믿음과 풍성한 사랑을 주셨습니다."

믿음만큼 큰 은혜를 고백하는 것입니다.
믿음의 사람 백부장은 예수님께 놀라운 은혜를 입고 있습니다.

백부장의 큰 믿음

백부장은 마태복음 8장 8절에서 이렇게 말합니다.

그것은 당신같이 귀하고 높으신 분, 하나님이신 당신이 어떻게 누추한 내 집에 오실 수 있습니까? 하는 의미입니다. 여기서 백부장의 큰 믿음을 볼 수 있습니다.

백부장의 믿음은 주님을 귀하게 여기는 믿음입니다. 주님을 높이는 믿음입니다.

저는 초등학교 1학년 때 담임 선생님을 얼마나 좋아했는지 선생님이 천사라는 믿음이 왔습니다. 선생님이 하늘로 보였습니다.

가을에 밤을 주워서 큰 것을 골라 선생님께 갖다드렸습니다.

어머니 몰래 쌀독에서 쌀을 퍼내어 살구를 사다가 드린 적도 있습니다.

암탉이 낳은 계란도 선생님께 갖다드렸습니다.

선생님이 귀하게 여겨져 그 어떤 것도 아깝지 않았습니
다.

밀러 사모님처럼

지금 백부장은 예수님이 너무 귀하신 분이고, 너무 높
으신 분이어서 자기 집에 오시는 것을 감당하지 못하겠다
고 말합니다.
큰 믿음의 사람 밀러 사모님은 예수님에 대해서 이렇게
고백합니다.

"주 예수님은 이 세상 부귀보다 더 귀하다.
주 예수님은 이 세상 명예보다 더 귀하다.
주 예수님은 행복보다 더 귀하다."

얼마나 놀라운 고백입니까?
그렇습니다.
믿음만큼 주님을 고백하고, 믿음만큼 주님을 귀하게 여

기고, 믿음만큼 주님을 높입니다.

큰 믿음의 사람 사도바울은 빌립보서 1:20~21에서 이렇게 말합니다.

> "나의 간절한 기대와 소망을 따라 아무 일에든지
> 부끄럽지 아니하고 오직 전과 같이
> 이제도 온전히 담대하여 살든지 죽든지
> 내 몸에서 그리스도가 존귀히 되게 하려 하나니
> 이는 내게 사는 것이 그리스도니
> 죽는 것도 유익함이니라."

무슨 고백입니까?

사는 것도 그리스도를 위해서 살고 죽는 것도 그리스도를 위해서 죽는다는 고백입니다. 내 삶의 목적은 살든지 죽든지 그리스도를 높이는 것이라는 말입니다.

금메달 신앙

백부장은 예수님을 하늘만큼 높이고 있습니다. 하늘만큼 귀하게 여기고 있습니다.

이런 백부장을 보며 예수님은 이렇게 말씀하십니다.

일등 신앙이라는 말씀입니다. 금메달 신앙이라는 말씀입니다.

지난 아테네 올림픽에서 메달을 탄 선수의 65%가 기독교인이었는데, 금메달을 탄 선수의 90%가 기독교인이었습니다.

예수 믿어야 메달을 탄다. 예수 믿어야 금메달을 탈 수 있다고 했다고 합니다.

이원희 선수가 첫 금메달을 탈 때 얼마나 환호성을 질렀습니까?

얼마나 감격했습니까?

백부장의 금메달 신앙, 일등신앙을 보고 예수님께서 감탄하시고 있는 것입니다.

믿음의 금메달 타기

우리의 믿음이 예수님을 감동시켜야 합니다. 본문이 기록된 마태복음 8장에는 두 종류의 사람들이 기록되어 있습니다.

하나는 칭찬받는 백부장이고, 하나는 책망받는 제자들입니다. 칭찬받는 믿음과 책망받는 믿음이 있다는 것입니다.

여러분은 어떤 믿음의 소유자이십니까?

일이 잘 되고 좋은 일이 있을 때는 찬송하고 일이 안 되고 어려우면 코가 석자나 빠지는 것은 좋은 믿음이 아닙니다. 그러나 좋은 일이 있을 때 할렐루야 찬송하고 힘들고 어려운 일이 있을 때도 할렐루야 찬송하는 것은 좋은 믿음입니다. 탁월한 믿음입니다.

시편 119편 기자는 이렇게 고백합니다.

"내가 고난당하기 전에는 그릇 행하였더니 이제는 주의 말씀을 지키나이다. 고난당한 것이 내게 유익이라. 이로 인하여 내가 주의 율례를 배우게 되었나이다."

축복이 와도 주님을 찬양하고, 고난이 와도 주님을 찬양하는 시편 기자의 탁월한 믿음의 모습입니다.

나는 칭찬받는 백부장을 보면서 백부장의 믿음이 나의 믿음이 되었으면 좋겠다는 것과, 백부장의 믿음이 내가 섬기는 큰빛교회 성도들의 믿음이 되었으면 하는 욕심이 생겼습니다.

백부장의 일등 신앙, 백부장의 금메달 신앙처럼 우리도 믿음의 금메달을 타는 주인공이 되십시다.

백부장은 예수님께 믿음의 금메달을 타고 있습니다.

우리 모두 예수님께 믿음의 금메달을 타십시다.

맺음기도

하나님 아버지,
백부장처럼 믿음에 일등이 되고 싶습니다.
믿음의 금메달을 타고 싶습니다.
믿음을 주시되 큰 믿음을 주시옵소서.
날마다 주님을 감동시키는
큰 믿음의 사람이 되고 싶습니다.
아멘.

5. 짱 신앙

"내가 진실로 너희에게 이르노니

이스라엘 중 아무에게서도

이만한 믿음을 만나보지 못하였노라."

(마태복음 8:10)

창신앙

최고의 짱

요사이 유행하는 단어들이 있습니다.

건강한 몸매를 가진 사람들을 몸 짱, 예쁜 얼굴을 가진 사람들을 얼 짱, 맛있는 음식을 맛 짱, 마음이 착한 사람을 맘 짱, 어른이든 아이들이든 '짱' 이라는 말을 많이 사용합니다. 툭하면 '짱' 입니다.

오늘 본문에 보면 믿음이 좋은 백부장이 나옵니다. 얼마나 믿음이 좋은지 예수님께서 "이스라엘 중 아무에게서도 이만한 믿음을 만나보지 못했다."고 칭찬합니다.

한 마디로 말하면 '짱' 입니다. 무슨 짱입니까?

'믿음 짱' 입니다. '신앙 짱' 입니다. 짱 중에 최고의 짱입니다. 몸 짱, 얼 짱, 맛 짱, 맘 짱과는 비교할 수 없는 최고의 짱입니다.

저는 이 글을 읽는 성도들이 이런 짱이 되기를 기도합니다.

믿음의 백부장들

예수님께서 문둥병자를 고치신 다음 가버나움이라는 마을로 가셨습니다.

마태복음 11장 23절에 보면 예수님께서 이곳에서 많은 기적을 행하셨지만 가버나움 사람들은 그 기적을 보고도 예수님을 믿지 않았습니다. 그래서 예수님은 가버나움을 향해서 말씀하십니다.

"가버나움아 네가 하늘까지 높아지겠느냐?
음부까지 낮아지리라. 네게서 행한 모든 권능을
소돔에서 행하였더라면 그 성이 오늘까지 있었으리라.
내가 너희에게 이르노니 심판 날에 소돔 땅이
너보다 견디기 쉬우리라."

이 말씀을 통해 가버나움이라는 곳이 얼마나 불신앙과 부도덕의 도시였는지를 짐작할 수 있습니다. 예수님 당시에 가버나움에는 1개 중대 병력 정도의 로마 군인이 주둔

하고 있었습니다.

로마 군대는 한 군단 병력이 6,000명입니다. 군단 병력은 100명씩 60개의 부대로 나누어 편성되었습니다. 한 부대 즉 100명을 거느리는 장교를 백부장이라고 했습니다.

본문의 백부장은 유대인이 아닌 로마인이었습니다. 점령군의 장교인데 예수님을 믿고 있는 것입니다.

신약성경에는 '백부장'의 기록이 자주 나오는데 모두 좋은 사람으로 나타나고 있습니다.

많은 구제를 한 백부장, 유대인들에게 회당을 지어준 백부장, 믿음의 백부장들이 성경에 기록되어 있습니다.

성경에 기록된 백부장들은 '믿음 짱'이었습니다.

사랑하기 때문에

"백부장이 나아와 간구하여 가로되
주여 내 하인이 중풍병으로 집에 누워
몹시 괴로워하나이다." (마 8:5~6)

백부장에게 병든 하인이 있었습니다. 병들어 누운 하인은 아마 노예였을 것입니다. 이 당시는 노예를 짐승 취급하던 시대입니다.

아리스토텔레스는 노예에 대해서 이렇게 말했습니다. '모든 노예는 살아있는 도구다.'

노예를 짐승과 같은 존재로 규정합니다.

로마의 저술가 바로(Varro)는 농업을 하는데 필요한 세 가지 도구를 이렇게 말하였습니다.

첫째는, 언어를 가진 도구다. 사람은 사람인데 도구라는 말입니다. 예를 가리키는 말입니다.

둘째는, 언어가 없는 도구다. 언어가 없으니 사람은 아닙니다. 짐승이라는 말입니다.

셋째는, 소리 없는 도구다. 소리를 못하니까 물건을 가리킵니다. 연장이라는 말입니다.

이처럼 노예를 하나의 도구로 생각했던 시대에 백부장은 노예를 도구라고 생각하지 않고 그를 인격으로 인정하고 사랑합니다.

백부장은 하인을 사랑하기 때문에 하인의 고통을 가지

고 예수님께 나아온 것입니다.

하인을 사랑하지 아니하면 하인의 고통, 하인의 중풍병을 가지고 예수님께 나아올 수 없습니다.

우리 아이들이 잠시 방황할 때 아이들을 위해서 울면서 기도하는 꿈을 한 주간 내내 꾼 적이 있습니다.

도대체 왜 이러는 것입니까? 왜 꿈속에서까지 자녀문제를 가지고 하나님께 나아갑니까?

사랑하기 때문입니다.

우리 교회 집사님 한 분은 교통사고로 다 죽어가는 남편을 살려달라고 새벽마다 4년을 울었습니다.

왜 웁니까? 하루도 아닌 4년을…

사랑하기 때문입니다. 그래서 하나님 앞에 나와서 4년을 웁니다.

지금 그 남편이 걸어서 교회에 나오고 교회를 섬기는 모습을 보면 얼마나 감사한지요.

백부장은 하인의 중풍병, 하인의 문제, 하인의 고통을 가지고 예수님께 나아옵니다.

사랑하기 때문입니다.

믿음은 행동하는 것

백부장의 믿음이 무엇입니까?

사랑하는 것입니다.

믿음은 관념이 아니고 사랑하는 것입니다. 이론이 아닙니다. 말이 아닙니다.

믿음은 행동입니다. 믿음은 사랑입니다.

그래서 성경은 이렇게 말씀합니다.

"행함이 없는 믿음은 죽은 믿음이다."

사랑이 없는 믿음은 죽은 믿음이란 말입니다.

교회를 다니는 것과 교회를 사랑하는 것은 다릅니다. 교회를 다니는 사람은 교회를 도구로 생각합니다. 교회가 축복받는 도구입니다. 교회가 은혜받는 도구입니다. 교회가 응답받는 도구입니다. 그래서 자꾸 자신을 위해 교회를 이용합니다.

그러나 교회를 사랑하는 사람은 하나님께 영광을 돌리고 하나님께 충성하는 것, 하나님께 헌신하는 것, 하나님을 섬기는 것에 초점을 둡니다.

우리를 사랑하시는 예수님은 영광을 받으러 오시지 않았습니다. 섬김을 받으러 오시지 않았습니다.

예수님은 당신이 오신 목적을 이렇게 말씀합니다.

> "인자의 온 것은 섬김을 받으려 함이 아니라
> 도리어 섬기려 하고 자신의 목숨을
> 모든 사람의 대속물로 주려 함이니라."

믿음의 대상이신 예수님은 우리를 섬기기 위해서, 우리를 위해서 자신의 몸을 십자가에 내어 주시기 위해 이 땅에 오셨습니다.

십자가는 말이 아닙니다. 이론이 아닙니다.

십자가는 위대한 사랑의 행동입니다.

사랑의 십자가

본문에 나오는 백부장은 그 인격의 중심에 십자가가 있습니다. 나는 오늘 백부장에게서 예수님의 십자가를 봅니다. 예수님의 십자가가 인류를 구원한 것처럼 백부장의 십자가가 하인을 구원한 것입니다.

나는 성경을 읽으면서 가장 아리송했던 사건 하나가 있습니다. 그것은 '사렙다 과부사건' 입니다.

엘리야가 사렙다 과부를 찾아가서 이들의 마지막 생명인 가루 한 줌과 기름 조금으로 떡을 해달라고 요구합니다.

그런데 놀랍게도 사렙다 과부는 자신들의 마지막 생명인 기름과 가루로 떡을 만들어서 엘리야에게 바칩니다.

엘리야의 요구가 무엇입니까?

십자가의 사랑을 보이라는 것입니다. 행동하는 사랑을 보이라는 것입니다.

사렙다 과부는 십자가의 사랑을 엘리야에게 보여드렸습니다.

그 여인은 하나님을 사랑하고 하나님의 종을 사랑하지 아니하면 할 수 없는 위대한 사랑의 행동인 마지막 생명을 드립니다.

이것이 사렙다 과부의 인격 안에 있는 사랑의 십자가입

니다. 이 십자가가 사렙다 과부와 그의 아들을 죽음에서
살렸습니다.

믿음이 무엇입니까?
믿음은 십자가입니다.
십자가로 자신도 살고 십자가로 남도 살리는 것입니다.
십자가는 살리는 것입니다.
백부장은 십자가의 사람이었습니다.
백부장의 십자가가 하인을 살린 것입니다.
백부장의 위대한 사랑의 행동이 하인을 살려낸 것입니
다.

예수님께서 인류의 죽음이란 문제를 짊어지고 하나님
앞에 나아간 사건이 십자가입니다. 이 십자가로 우리를
살려낸 것입니다. 그렇습니다.
하인을 살린 것은 백부장의 사랑이요, 백부장의 십자가
입니다.

백부장의 신앙은 십자가를 짊어지는 신앙이었습니다.

백부장은 '믿음 짱' 이었습니다.

돈 짱, 공 짱은 못 되어도

이스라엘 중에서 최고의 믿음이라는 말입니다. '믿음 짱' 이라는 말입니다.

'믿음 짱' 은 다른 사람을 위해 십자가를 지는 믿음입니다.

십자가는 인류의 축복이요,

십자가는 인류의 구원이요,

십자가는 인류의 행복이요,

십자가는 인류의 승리이며,

십자가는 가장 위대한 사랑입니다.

사랑하는 여러분!

우리가 돈 버는데 일등을 못해도, 공부하는데 일등을

못해도, 믿음에는 일등을 할 수가 있습니다.

돈 짱, 공 짱은 못 되어도 '믿음 짱'은 될 수가 있습니다.

저에게 두 가지 소원이 있습니다.

첫째는, 선한 목자가 되는 것입니다.

하나님께서 맡겨주신 양들의 선한 목자가 되고 싶습니다. 그래서 새벽마다 주님 앞에 선한 목자 되게 해 달라고 기도합니다.

둘째는, 예수 잘 믿는 목사가 되는 것입니다.

예수 잘 믿는 목사로 살다가 천국 가고 싶습니다. 바울처럼 예수 잘 믿고 싶습니다.

예수 믿는 성도들도 세 종류로 나눌 수 있습니다.

첫째는, 예수님을 믿기는 믿는데 잘 못 믿는 성도입니다. 이들의 믿음은 환경에 따라 흔들리는 믿음입니다.

어떤 때는 믿음이 있는 것 같은데, 어떤 때는 믿음이 없는 것 같습니다.

기복이 심한 믿음입니다. 환경에 따라, 기분에 따라 춤

추는 믿음입니다. 헷갈리는 믿음입니다. 날마다 구원이
출퇴근하는 믿음입니다.

둘째는, 예수님을 믿기는 믿는데 열정이 없는 성도입니
다. 영적인 의욕이 없는 믿음입니다. 덥지도 뜨겁지도 않
은 미지근한 믿음입니다. 하나님의 뜻에 적극적으로 반응
하지 못하는 믿음입니다.

마지막으로, 십자가를 기쁨으로 지고 열정적으로 주님
을 섬기는 성도입니다.
이런 성도들을 보고 '믿음 짱' 이라고 합니다.

하인이 바로 나

나는 백부장에게서 예수님을 봅니다. 하인에게서 나 자
신을 봅니다.
병든 하인은 버림받기에 합당한 사람입니다.
일 시키려고 하인이 있는데 일을 할 수 없는 불치의 병

에 걸렸으니 버림받는 게 당연하지 않습니까?

이것이 원죄 아래 있는 나의 모습입니다.

죄로 인해 죽을 수밖에 없는 존재가 바로 나입니다.

바울은 이런 자신을 발견하고 이렇게 고백합니다.

> "오호라 나는 곤고한 사람이로다.
> 누가 이 사망의 몸에서 나를 건져내랴."

그렇습니다. 우리는 죽을 수밖에 없는 저주받기에 합당한 사람입니다. 그러기에 우리는 하인과 똑같은 사람입니다.

이 하인이 바로 나입니다.

또 하인이 중풍병에 걸렸으니 자신의 힘으로는 아무 것도 할 수 없는 사람이 된 것입니다.

누군가의 도움이 없이는 살 수 없는 사람입니다.

이게 바로 나의 모습입니다.

우리는 모두 자신의 힘으로 살 수 없는 하인임을 고백해야 됩니다.

당장 하늘에서 비를 주시지 않으면 인류는 다 죽고 맙

니다.

하나님이 지금 공기를 거두시면 다 죽고 맙니다.

영적으로도 마찬가지입니다.

하나님이 구원하지 않으시면 지옥의 자식이 되고 맙니다. 하나님의 절대 도움이 있어야 구원을 받을 수 있습니다.

그렇습니다.

하인의 모습은 우리의 모습입니다.

예수님을 봅니다

백부장은 하인의 중풍병을 예수님께 가지고 나왔습니다.

예수님은 죄로 인해 하나님 앞에 나갈 수 없는 우리들을 위해 우리의 중풍병, 우리의 죄를 짊어지시고 십자가에서 하나님께 나아가셨습니다.

그래서 나는 백부장에게서 예수님을 봅니다.

우리를 통해서 세상이 예수를 본다면 우리는 백부장입

니다. 예수님을 보여주는 백부장 말입니다.

　백부장은 믿음 짱입니다.

맺음기도

하나님 아버지, 우리는 중풍병자입니다.
주님의 도움이 절대로 필요합니다.
중풍병자와 같은 우리를 위해 십자가에서 죽어주신
그 사랑을 감사합니다.
이제 우리의 삶을 통해 백부장처럼
주님의 사랑을 보여주는 자 되게 하옵소서.
아멘.

2

풍랑을 이기는 신앙

1. 제자 신앙

"배에 오르시매

제자들이 좇았더라."

(마태복음 8:23)

제자 신앙

예수님을 따라서

제자가 누구입니까?

제자란 예수님이 가면 가고 예수님이 머물면 머무는 사람입니다.

지금 제자들은 예수님께서 배에 오르시니까 따라서 배에 올라갑니다.

예수님이 배에서 내리면 또 내릴 것입니다.

스승을 따라서 살아가는 것이 제자입니다.

하나님께서 출애굽 한 이스라엘 백성들을 광야에서 훈련한 것도 제자훈련입니다.

낮에는 구름기둥으로 훈련시키셨습니다. 구름기둥이 가면 백성들도 가고 구름기둥이 멈추면 백성들도 멈춥니다.

밤에는 불기둥으로 훈련시키셨습니다. 불기둥이 가면 백성들도 가고 불기둥이 멈추면 백성들도 멈춥니다. 이 훈련을 40년 동안 한 것입니다.

얼마 전 '권리포기' 저자이신 김원호 장로님과 대화하는 중에 책 한 권을 썼는데 출판하지 않고 있다고 하셨습니다. 그 이유는 하나님이 책을 출판하라고 말씀하지 않으셨기 때문이라고 하셨습니다.

예수님이 장로님의 행동기준입니다. 예수님이 삶의 기준입니다. 이것이 제자입니다.

며칠 전에 서울의 모 교회로부터 집회요청을 받았습니다.

지금 하나님께 묻고 있습니다. 하나님이 가라고 하면 갈 것이고 하나님이 가지 말라고 하면 안 갈 것입니다.

하나님께 묻습니다

제자란 내 마음대로 사는 사람이 아닙니다. 내 마음대로 행동하는 사람이 아니기 때문에 언제나 하나님께 묻습니다.

어떤 사람은 행동기준이 부인입니다. 부인이 하라하면 하고, 부인이 하지 말라고 하면 안 합니다. 남편을 조종하는 부인은 남편을 망하게 하고 맙니다. 그 대표적인 예가 아합 왕과 이세벨입니다.

이세벨은 아합 왕을 조종했습니다.

어떻게 되었습니까?

망했습니다. 부인 말 들으면 자다가도 떡 생긴다는 말은 틀린 말입니다.

부인 말 듣는 남편들 되지 마시고 하나님의 음성을 듣는 남편이 되시기 바랍니다.

어떤 남자에게 어찌 그렇게 부인 말을 잘 듣느냐고 물으니까 이사 갈 때 안 데리고 갈까봐 말을 잘 듣는답니다.

부인이 시키는 대로 하면 가정에 평화가 있을 수 있습니다. 그러나 하나님과는 화평하지 못할 수 있습니다.

어떤 남편은 범사를 부인에게 묻습니다.

남편들이여, 부인에게 묻기 전에 하나님께 물으십시오.

태백지역에 있는 목사님들에게서 강의 요청이 왔습니다.

제 아내는 바쁘니까 안가면 어떻겠냐고 합니다.

저는 대답을 안했습니다.

아내가 가지 말라고 해도 하나님이 가라고 하면 가야

됩니다.

저는 하루하루 제자가 되고 싶습니다.

순종했습니다

저는 목회의 축복을 많이 받은 목사입니다.

책도 수십 권을 집필했고, 지금까지 1,000명이 넘는 목회자들에게 말씀을 전했고, 교회도 세 번이나 지었습니다. 이런 축복을 받게 된 이유는 주님의 말씀에 순종했기 때문입니다.

처음으로 전임사역을 나갈 때 큰 교회에서 부교역자로 섬겨달라고 청빙이 왔습니다.

얼마 후 가난하고 작은 교회에서 청빙이 왔습니다.

하나님께서 가난하고 작은 교회로 가라고 말씀하셔서 순종했습니다.

또 담임목회를 하기로 결정했을 때는 수 천 평의 땅에 교회와 도서관까지 있는 교회의 목사님과 장로님이 함께 목회를 하자고 간청을 하셨습니다.

그때 이제 막 개척하려고 하는 교회에서 같이 개척을 하자는 제안이 왔습니다.

하나님께서 개척교회로 가라고 하셔서 순종했습니다.

이것이 오늘의 큰빛교회입니다.

반드시 말씀하십니다

부족하지만 지금까지 하나님이 가라고 하는 곳으로 갔더니 하나님께서 목회의 축복을 주셨습니다. 저만큼 행복한 목사가 많지 않을 것입니다.

우리는 날마다 물어야 합니다. 묻는 사람이 제자입니다. 묻지 않기 때문에 하나님께서 말씀하지 않는 것이지 물으면 반드시 말씀하십니다.

하나님은 우리 아버지가 되시기 때문입니다.

어떤 분이 제자훈련을 마치고 전도여행을 하는데 중국과 네팔과 일본 중 한 나라를 결정해야 했습니다. 그래서 하나님께 물었습니다.

"하나님 어느 나라로 갈까요?"

그날 밤 네팔 달린 아이가 손들고 기도하는 꿈을 꾸었습니다.

하나님의 말씀이 무엇입니까?

"네팔로 가라."입니다.

그래서 네팔로 전도여행을 갔다 왔다고 합니다.

불편하고 힘들어도

사도행전 2장에 보면 성령 충만한 제자들의 모습이 나옵니다.

하나님께서 재산과 소유를 팔아서 가난한 사람에게 나누라고 감동을 주시니까 즉시 재산을 팔아서 나누었습니다.

하나님께서 날마다 성전에 모이라고 말씀하시니까 날마다 성전에 모였습니다.

제자의 모습입니다.

제자란?

힘들어도 주님을 따르는 사람입니다.

제자란?

불편해도 주님을 따르는 사람입니다.

제자란?

어떤 희생이 있어도 손해가 있어도 주님을 따르는 사람입니다.

편안하게 신앙생활 하는 사람, 자기생각대로 신앙생활 하는 사람은 실력 있는 성도가 아닙니다.

실력 있는 성도는 주님의 뜻이라면 불편해도 그 길을 갑니다. 힘들어도 그 길을 갑니다.

하나님께서 하란에 사는 아브라함에게 이렇게 말씀하십니다.

"너는 너의 본토 친척 아비 집을 떠나
    내가 네게 지시할 땅으로 가라."

고향을 떠나는 것은 슬픈 일입니다. 친척을 떠나는 것은 힘든 일입니다. 아비 집을 떠나는 것은 고통입니다.

알지 못하는 땅으로 갑니다. 두려움이 있습니다. 그래

도 아브라함은 하나님의 말씀에 순종하여 하란을 떠납니
다. 제자의 삶입니다.

예수님의 방향이 제자들의 방향입니다. 예수님이 가시
는 곳이 제자들이 가는 곳입니다. 제자들의 목표는 오직
예수입니다.

그렇습니다. 제자는 예수님을 따라가는 사람입니다.
제자는 예수님을 위해 사는 사람입니다.

우리 제자 됩시다.

맺음기도

하나님 아버지,
힘들고 어려워도 예수님만 따라가게 하소서
범사에 예수님께 물어
예수님의 말씀을 따라가는 삶 되게 하옵소서.
아멘.

2. 기도 신앙

"바다에 큰 놀이 일어나

물결이 배에 덮이게 되었으되

예수는 주무시는지라.

그 제자들이 나아와 깨우며 가로되

주여 구원하소서.

우리가 죽겠나이다."

(마태복음 8:24~25)

기도 신앙

예수님 따르기

"제자들이 좇았더니"

제자들은 예수님을 따라다니는 사람입니다. 어디를 가든지 예수님을 따라다닙니다.

예수님이 산으로 가시면 산으로 가고, 바다로 가시면 바다로 가고, 들로 가시면 들로 따라 갑니다.

바른 곳이 어딥니까?

축복이 있는 곳이 어딥니까?

그곳은 예수님이 계시는 곳입니다.

예수님을 따라가면 그곳에 성공이 있습니다.

예수님을 따라가면 그곳에 축복이 있습니다.

예수님을 따라가면 그곳에 행복이 있습니다.

세상을 따라가면 안 됩니다.

세상을 따라가면 불행이 있습니다.

실패가 있습니다.

저주가 있습니다.

목숨 걸고 예수님만 따라가야 됩니다.

　예수님을 따라 가는 것이 성공이며, 축복이며, 행복입니다.

풍랑을 이길 힘

　우리는 인생 배를 공격하는 물결이 있음을 인정해야 됩니다. 물결의 목표는 배를 부수는 것입니다. 인생 배를 부수기 위해서 우리가 주님의 부르심을 받는 그날까지 물결은 우리의 인생 배를 공격할 것입니다.

　꼭 기억해야 될 것이 있습니다. 그것은 풍랑을 이길 힘이 세상에 없다는 것입니다.

　풍랑이 제자들을 공격했습니다.

　제자들이 있는 힘을 다해 풍랑을 막아 보려고 애썼지만 풍랑을 막을 수가 없었습니다.

　왜 막을 수가 없었습니까?

　풍랑이 사람들의 힘보다 세기 때문입니다.

풍랑을 이길 힘은 예수님밖에 없습니다.

예수님을 우리 인생 배에 모시면 죄의 풍랑이 우리를 이길 수 없습니다. 사망의 풍랑도 우리를 이길 수 없습니다. 그래서 성경은 이렇게 말씀합니다.

"사망아 너의 이기는 것이 어디 있느냐?
사망아 너의 쏘는 것이 어디 있느냐?
우리 주 예수 그리스도로 말미암아
우리에게 이김을 주시는 하나님께 감사하노라."
아멘.

우리의 인생 배에 하나님이 함께 하시면 환경의 풍랑도 우리를 이기지 못합니다.

다윗의 삶에 환경의 풍랑이 불어왔습니다. 다윗은 이것을 사망의 음침한 골짜기, 원수의 목전이라고 했습니다.

사망의 음침한 골짜기와 원수가 다윗을 이겼습니까?

이길 수 없습니다.

그것은 다윗의 인생 배에 하나님 함께 계셨기 때문입니다.

당신의 인생 배에 예수님을 모십시오.

사망의 풍랑도 우리를 이기지 못합니다.

환경의 풍랑도 우리를 이기지 못합니다.

계란으로 바위치기

"예수는 주무시는지라."

풍랑이 일어나 제자들이 탄 배를 무차별 공격하고 배가

깨지기 일보 직전 제자들은 풍랑과 사투를 벌입니다.

이게 무슨 말입니까?

제자들은 자신의 힘을 믿었습니다.

계란으로 바위 치는 격입니다.

손바닥으로 구름을 가리려는 격입니다.

병풍으로 태풍을 막으려는 것과 같습니다.

우리의 힘을 의지하는 것이 이렇게 어리석은 일입니다.

기억하십시오.

제자들이 자신의 힘을 의지하는 한, 제자들이 자신의

방법을 사용하는 한, 예수님은 주무실 것입니다.

우리 인생 배에 풍랑이 불어왔을 때 예수님께로 가야합
니다. 예수님의 힘을 의지해야 합니다. 이것이 풍랑을 이
기는 유일한 비결입니다.

다윗은 철저하게 하나님의 힘을 의지하는 법을 사용한
사람입니다. 어느 순간에 다윗에게 인생의 풍랑이 불어왔
습니다. 다윗은 그 풍랑을 이렇게 고백합니다.

> "나의 대적이 어찌 그리 많은지요.
> 일어나 나를 치는 자가 많소이다."

대적이 많다고 합니다. 치는 자가 많다고 합니다.
큰 풍랑을 만난 것입니다.
다윗이 어떻게 합니까?
하나님의 힘을 의지합니다.

> "천만인이 나를 둘러치려 하여도
> 나는 두려워 아니 하리이다.
> 주께서 나의 모든 원수의 뺨을 치시며
> 악인의 이를 꺾으셨나이다."

그렇습니다. 인생의 풍랑이 왔을 때 다윗처럼 하나님의 힘을 의지해야 합니다. 그리하면 풍랑은 잔잔케 될 것입니다.

목숨 걸고 깨우기

풍랑이 일어났을 때 예수님이 주무시는 것은 다분히 의도적이셨습니다. 제자들이 예수님을 깨우기를 원하셨던 것입니다.

풍랑이 일어나면 예수님께 와서 예수님을 깨우는 것이 지혜요, 최선입니다. 그리하면 기적을 보게 됩니다. 하나님의 능력을 보게 됩니다.

우리 인생에 크고 작은 풍랑이 일어날 때 예수님께 나와서 목숨 걸고 깨우십시오.

주님을 깨우는 것이 무엇입니까?

기도입니다.

목숨 걸고 깨우는 것은, 목숨 걸고 기도하는 것입니다.

사도행전 1장에 보면, 마가의 다락방에 모인 120명이

목숨 걸고 기도했다는 말입니다.

풍랑이 오면 목숨 걸고 기도해야 됩니다. 그래야 풍랑
을 해결할 수 있습니다.

여호와여 일어나소서

"곧 일어나사"

제자들이 깨우니까 예수님께서 즉시 일어나셨습니다.
예수님이 일어나시면 상황 끝입니다.

예수님을 깨우십시오. 우리가 예수님을 깨우면 예수님
은 일어나십니다.

예수님이 일어나시면 풍랑을 꾸짖습니다.

예수님이 꾸짖으시면 풍랑은 물러갑니다.

우리 예수님은 풍랑보다 크신 분입니다.

풍랑을 이기시는 분이십니다.

여러분의 인생 배에 예수님을 모십시오.

예수님과 함께 인생 배를 타고 항해하십시오.

천국까지 가게 될 것입니다.

예수님이 탄 배는 천국까지 가는 배입니다.

여러분의 인생 배에 풍랑이 불어오면 예수님을 깨우십시오.

목숨 걸고 깨우십시오.

주께서 일어나셔서 그 풍랑을 잔잔케 하실 것입니다.

주님을 깨우는 일은 내가 하는 것입니다.

풍랑을 잔잔케 하는 일은 예수님이 하시는 것입니다.

우리가 예수님을 깨우면 예수님께서 일어나셔서 일하십니다.

그래서 다윗은 이렇게 기도합니다.

> "여호와여 일어나소서.
> 나의 하나님이여 나를 구원하소서."

풍랑을 만난 다윗이 하나님을 깨우고 있는 모습입니다.

그렇습니다.

우리도 다윗처럼 인생에 풍랑이 일어날 때 나의 힘을 의지하지 말고 예수님을 깨우십시다.

예수님이 일어나셔서 역사하실 것입니다.

풍랑을 잔잔케 하실 것입니다.

우리 인생 배의 선장되시며 우리 인생 배의 해결사 되시는 주님을 신뢰합시다.

주님으로 인하여 우리 인생은 승리할 것입니다.

맺음기도

하나님 아버지,
내 인생에 풍랑이 있을 때
내 힘으로 풍랑과 싸우지 않게 하소서
풍랑을 이기시는 예수님을 깨우는 자 되게 하소서.
아멘.

3. 능력 신앙

"예수께서 이르시되

어찌하여 무서워하느냐

믿음이 적은 자들아 하시고

곧 일어나 바람과 바다를 꾸짖으신대

아주 잔잔하게 되었거늘."

(마태복음 8:26)

걱정하지 않습니다

예수님께서 호수를 건너가기 위해 준비한 배에 오르십니다.

제자들도 예수님을 따라 배에 올라탔습니다.

왜 제자들이 예수님이 탄 배에 올라탔습니까?

왜 제자들이 예수님을 따라갑니까?

그것은 예수님을 믿었기 때문입니다.

예수님을 믿으면 하나님의 자녀가 됩니다.

영접하면 하나님의 자녀가 됩니다.

자녀는 돈이 없어도 걱정을 안 합니다. 자녀들이 빚 때문에 잠 못 자는 것 보셨습니까?

자녀는 쌀독에 쌀이 떨어져도 걱정하지 않습니다.

학교에서 등록금이 나오면 자녀들은 등록금 용지 가지

고 부모에게 옵니다.

왜 그런지 아십니까?

부모의 능력을 믿기 때문입니다.

아이들은 몸이 아파도 엄마 아빠 찾고, 돈이 없어도 엄마 아빠 찾고, 배가 고파도 엄마 아빠 찾습니다.

왜냐하면 엄마 아빠의 능력을 믿기 때문입니다.

저희 고향 동네로 들어가는 입구에 묘들이 많습니다.

어렸을 때 이곳을 지나다가 귀신을 봤다는 사람이 많았습니다.

특히 동네에 들어가는 입구에 큰 바위 하나가 있었는데 이 바위 이름이 귀신바위입니다.

가끔 하얀 소복을 입은 여자 귀신이 나타난다고 합니다. 대낮이라도 혼자서 귀신바위 앞을 지나가면 머리털이 섭니다.

그런데 밤중에 귀신바위 옆을 지나가도 조금도 무섭지 않을 때가 있습니다.

그것은 아버지와 함께 귀신바위 앞을 지나갈 때입니다.

왜 그렇습니까?

아버지만 믿는 것이 아니라 아버지의 능력을 믿기 때문입니다. 귀신도 이길 수 있는 아버지를 믿기 때문입니다.

신앙도 마찬가지입니다.

하나님을 믿으면 하나님의 능력도 믿어야 합니다. 이것을 '온전한 신앙' 이라고 합니다.

그래서 사도신경은 '전능하사 천지를 만드신 하나님 아버지를 내가 믿사오니' 라고 시작합니다. 하나님만 믿는 것이 아니라 전능하신 하나님을 믿습니다.

때로는 흔들립니다

본문 23절을 다시 읽습니다.

"배에 오르시매 제자들이 좇았더니."

제자들은 예수님을 믿었기 때문에 예수님과 함께 배에 오른 것입니다.

오늘날 성도들도 마찬가지입니다.

예수님을 믿으니까 교회에 나옵니다.

예수 믿고 교회에 나오면 문제가 일어나지 않습니까?

교회에 다니면 만사가 형통합니까?

그렇지 않습니다.

교회에 나와도 우리 인생 배는 바다 위에 떠있기 때문에 때로는 흔들립니다.

바다 위에 떠 있는 배는 365일 흔들립니다.

박영득 목사가 타도 흔들리고, 조용기 목사가 타도 흔들리고, 바울이 타도 흔들리고, 예수님이 타도 흔들립니다.

그렇습니다.

우리 인생은 바다 위에 떠 있는 배와 같습니다.

그런데 중요한 것은 이 배가 풍랑으로 흔들리기는 하지만 이 배 안에는 풍랑을 이길 수 없는 무능한 나 혼자만 있는 것이 아니라 풍랑을 잔잔케 하실 수 있는 예수님이 함께 계십니다.

그분의 이름은 '임마누엘' 입니다.

우리는 혼자가 아닙니다.

내가 탄 인생이란 배 안에 예수님이 나와 함께 계십니다.

이 사실을 깨달은 다윗은 이렇게 고백합니다.

"내가 사망의 음침한 골짜기에 다닐지라도
해를 두려워하지 않을 것은
주께서 나와 함께 계심이라."

생명의 배입니다

24절입니다.

"바다에 큰 놀이 일어나
물결이 배에 덮이게 되었으되
예수는 주무시는지라."

바다에 큰 놀이 일어났습니다. 그 풍랑으로 인하여 물결이 배에 덮이게 되었습니다.

제자들은 하늘에서 예수를 믿는 것이 아니라 세상에서 예수를 믿습니다.

세상 바다에 떠있는 배는 예수님이 계셔도 풍랑이 있습니다.

이 배가 풍랑으로 흔들리는 것입니다.

세상이란 바다에 떠 있는 두 척의 배가 있습니다.

하나의 배는 사람만 탄 배입니다. 또 하나의 배는 사람과 예수님이 함께 탄 배입니다.

사람만 탄 배는 사망의 배입니다. 풍랑으로 인해서 망할 배입니다.

그러나 사람과 예수님이 탄 배는 생명의 배입니다. 아무리 강한 풍랑이 불어와도 흔들리기는 하지만 파선하지 않는 생명의 배입니다.

여러분은 어떤 배를 타고 계시나요?

여러분 혼자만 타고 있는 사망의 배입니까?

예수님과 함께 타고 있는 생명의 배입니까?

사람만 있는 사망의 배는 풍랑으로 인하여 망할 것입니다. 풍랑으로 인하여 지옥에 갈 것입니다.

그러나 예수님과 함께 타고 있는 생명의 배는 풍랑이 이 배를 이기지 못할 것입니다.

풍랑보다 더 큰 예수님께서 풍랑을 정복하실 것입니다.

그래서 이 배는 천국까지 갈 것입니다.

당신은 지금 어떤 배를 타고 계십니까?

예수님께 가지고 나와서 25절 말씀입니다.

제자들이 예수님께 와서 풍랑으로 인해 죽게 되었다고
말합니다.
　풍랑은 인생을 죽게 만드는 것입니다.
　제자들은 자신들을 죽게 만드는 이 풍랑을 해결할 수
없었습니다.
　그래서 풍랑의 문제를 예수님께 가지고 나온 것입니다.

우리를 죽게 만드는 인생의 풍랑이 무엇입니까?
그것은 죄입니다.
그래서 성경은 이렇게 말씀합니다.

죄는 우리를 망하게 하는 풍랑입니다.
풍랑문제를 해결하는 유일한 길이 있습니다.

예수님의 말씀입니다.

예수님만이 풍랑문제를 해결하는 유일한 길입니다.

예수님만이 풍랑문제를 해결하는 유일한 진리입니다.

예수님만이 풍랑문제를 해결하는 유일한 생명이십니다.

우리는 풍랑이 있는 세상 바다에 떠있는 배 안에 있습니다.

여러분의 인생 배에 주님을 초대하지 않겠습니까?

주님과 함께 하는 인생 배는 사망의 풍랑을 이깁니다.

예수님을 모신 인생 배에 사망의 풍랑이 불어왔을 때 예수님으로 인해 이런 바다가 되었습니다.

'사망의 풍랑' 이 예수님의 말씀 한 마디에 사라지고 말았습니다.

사망의 배가 생명의 배가 된 것입니다.

성경은 이렇게 말씀합니다.

"주 예수를 믿으라.
　그리하면 너와 네 집이 구원을 얻으리라."

맺음기도

하나님 아버지,
내 삶 가운데 있는 풍랑을 다스려 주옵소서.
아주 잔잔하게 되는 역사를 보게 하옵소서.
오늘도 내 삶 가운데서 풍랑을 잔잔케 하시는
예수님을 믿습니다.
아멘.

4. 승리 신앙

“예수께서 이르시되

어찌하여 무서워하느냐

믿음이 적은 자들아 하시고

곧 일어나사 바람과 바다를 꾸짖으신대

아주 잔잔하게 되었거늘.”

(마태복음 8:26)

승리 신앙

꼭 기억해야 될 것

예수님을 따르던 제자들은 황홀한 역사들을 경험합니다.

중풍병이 떠나고, 열병이 떠나고, 수많은 병자들이 낫고, 귀신을 쫓아내시는 예수님의 능력의 역사를 경험합니다.

이처럼 예수님을 따라 다니면 좋은 일이 있습니다.

그러나 꼭 기억해야 될 것은 예수님을 믿으면 좋은 일도 있고 축복도 있지만, 꼭 좋은 일만 있는 것은 아닙니다.

그러므로 우리는 '예수 믿으면 병 낫는다. 사업이 잘 된다. 부자 된다.' 라고 전도하면 안 됩니다.

예수 믿고 받는 가장 중요한 축복은 하나님의 자녀가 되는 복, 즉 영생의 복입니다.

예수님 먼저 보기

"바다에 큰 놀이 일어나 물결이 배에 덮이게 되었으되
예수는 주무시는지라." (마 8:24)

예수님과 함께 배 안에 있었는데 바다에 큰 놀이 일어납니다.

물결이 배에 덮이게 되었습니다.

제자들은 죽겠다고 아우성입니다.

무슨 말씀입니까?

예수님과 함께 있어도 고난이 있다는 말씀입니다.

예수님과 함께 있어도 문제가 있다는 말씀입니다.

그렇습니다.

예수님과 함께 있어도 풍랑이 있을 수 있습니다.

제자들은 풍랑이 일어날 때 풍랑을 보고 무서워합니다.

풍랑을 보고 죽게 되었다고 합니다.

풍랑을 만난 제자들은 풍랑을 보고 두려워 예수님께 옵니다.

사랑하는 여러분!

풍랑을 보고 예수님을 보는 것과 예수님을 먼저 보고 풍랑을 보는 것은 하늘과 땅 차이입니다.

믿음이 적은 사람은 풍랑을 보고 예수님을 봅니다.

그러나 믿음이 큰 사람들은 예수님을 보고 풍랑을 봅니

다. 전능하신 예수님을 보고 풍랑을 보면 풍랑은 아무 것
도 아닙니다.

베드로가 예수님을 보고 바다를 보았을 때 바다 위를
걸어갈 수 있었습니다.

아무 것도 아닙니다

제가 처음 서울에 왔을 때 서울에서 31빌딩이 제일 높
았습니다.

친구하고 31빌딩 구경을 갔습니다.

이렇게 높을 수가 있나 하여 입이 딱 벌어졌습니다.

31빌딩을 보고 5층, 10층 빌딩을 보니 성냥갑 같았습니
다.

그 후 여의도에 63빌딩이 세워졌습니다.

63빌딩을 보고 31빌딩을 보니까 보잘 것 없었습니다.

그렇습니다.

전능하신 예수님, 크신 예수님을 보고 풍랑을 보면 풍
랑은 아무 것도 아닙니다.

민수기 13장에 보면 열 정탐꾼과 두 정탐꾼이 각각 다른 말을 합니다.

열 정탐꾼은 이렇게 말합니다.

> "거기서 아낙 자손을 보았으며…
> 거기서 또 네피림의 후손 아낙 자손 대장부들을
> 우리가 보았으니…
> 우리는 스스로 보기에 메뚜기 같으니라."

열 정탐꾼은 하나님을 보지 않고 아낙 자손들만 봅니다. 그러니 가나안은 거인이고 자신들은 메뚜기입니다. 그러나 두 정탐꾼은 이렇게 말합니다.

> "능히 이기리라… 그들은 우리의 밥이다…
> 여호와는 우리와 함께 하시느니라."

네피림의 후손 아낙 자손을 보고도 밥이라고 말합니다. 왜 그렇습니까?

전능하신 하나님을 보고 아낙 자손을 보았기 때문입니다. 크신 하나님을 보고 아낙 자손을 보니 밥으로 보입니다. 지금 예수님의 제자들은 풍랑을 보고 예수님을 보니까 풍랑이 문제입니다.

풍랑 때문에 죽을 것 같습니다.

그러나 크신 예수님, 전능하신 예수님을 보고 풍랑을 보면 풍랑은 아무 것도 아닙니다.

풍랑은 '새 발의 피' 입니다. '모기발의 워커' 입니다.

풍랑만 보면 믿음이 없는 것입니다.

풍랑을 보고 예수님을 보는 것은 작은 믿음이고, 예수님을 보고 풍랑을 는 것은 큰 믿음입니다.

제자들을 꾸짖음

예수님께서 꾸짖는 장면입니다.

첫째는, 믿음이 적은 제자들을 꾸짖습니다.

얼마 전에 예수님께서 말씀 한 마디로 백부장의 하인의 중풍병을 고치셨고, 예수님께서 손을 대시니 베드로의 장모의 열병이 나았습니다. 이런 전능하신 예수님의 능력을 경험하고도 풍랑 앞에 떨고 무서워하는 제자들에게 "어찌하여 무서워하느냐? 믿음이 적은 자들아!"하고 책망하고 계십니다.

제자들은 예수님을 믿었습니다. 믿음이 있었습니다.
그러나 이들의 문제는 예수님은 믿었지만 전능하신 예수님의 능력을 믿지 못한 것이었습니다.

예수님의 능력을 믿지 못하는 것은 적은 믿음입니다. 예수님의 능력을 믿지 못하는 적은 믿음은 풍랑을 보면 두려워합니다.
풍랑을 보면 근심하고 걱정합니다.

여러분에게 풍랑이 있습니까?
풍랑만 보지 마십시오.
예수님을 보십시오.
전능하신 예수님을 보십시오.
예수님의 능력을 보면 그 풍랑은 아무 것도 아닙니다. 밥입니다.

이런 성도는 풍랑 앞에서 이런 노래를 부를 수 있습니다.

"불같은 시험 많으나 겁내지 맙시다.

구주의 권능 크시니 이기고 남겠네."

A.M 토플레디(Toplady)는 인생의 큰 풍랑을 만나고 이렇게 노래했습니다.

"큰 물결 일어나 나 쉬지 못하나

이 풍랑 인연하여서 더 빨리 갑니다."

풍랑은 더 이상 우리의 두려움이 아닙니다.
풍랑은 축복의 씨앗입니다.
기적의 씨앗입니다.
풍랑이 있어야 기적이 일어날 수 있습니다.
예수님의 십자가가 있어야 부활의 기적이 있는 것처럼 말입니다.

풍랑을 꾸짖음

둘째로, 예수님은 풍랑을 꾸짖습니다.

제자들을 괴롭히는 풍랑을 꾸짖습니다.

여러분의 풍랑이 무엇입니까?

육체에 풍랑이 있습니까?

가정에 풍랑이 있습니까?

사업에 풍랑이 있습니까?

풍랑을 보지 말고 예수님을 보십시오.

여러분을 보고 계신 예수님이 풍랑을 꾸짖어 잔잔케 하실 것입니다.

전능하신 예수님이 우리와 함께 하시면 문제는 해결됩니다.

폭풍도 지나갑니다.

봄이 오면 겨울이 힘없이 물러가는 것처럼, 태양이 떠오르면 어두운 밤이 지나가는 것처럼, 봄 되신 예수님께서, 태양되신 예수님께서 인생의 풍랑을 잔잔케 하실 것입니다.

예수님은 풍랑이 있는 우리의 삶 가운데 찾아오셔서 이렇게 말씀하십니다.

"풍랑은 잠잠할찌어다." 아멘.

예수님의 꾸짖음이 끝나자 어떤 일이 일어났습니까?
성경은 이렇게 말씀하십니다.

"아주 잔잔하게 되었더라."

할렐루야!

맺음기도

하나님 아버지,
믿음의 눈을 주시옵소서.
예수님을 볼 수 있는 눈을 주시옵소서.
그리하여 풍랑을 보고 떠는 자가 아니라
풍랑 인하여 일어날 기적을 보게 하소서.
아멘.

부자 신앙 이야기